AF460519

27, 28, 29, 30 Novembre 1905
et 1er Décembre

HOTEL DROUOT, SALLE 1

A 2 heures précises, VENTE

VENTE MILLET

EXPOSITION PUBLIQUE

Dimanche 26 Novembre 1905

De 2 heures à 6 heures

IMPRIMERIE MAULDE ET RENOU

MAULDE, DOUMENC & Cie

IMPRIMEURS DE LA COMPAGNIE DES COMMISSAIRES-PRISEURS

Rue de Rivoli, 144. — Paris

CATALOGUE

DES

BRONZES & MEUBLES

D'ART

BRONZES D'AMEUBLEMENT ET D'ÉCLAIRAGE

En partie reproduits de l'ancien

Des Styles Renaissance, Louis XIII, Louis XIV, Louis XV, Louis XVI et Empire

MEUBLES & BRONZES ANCIENS

OBJETS DE CURIOSITÉ

PEINTURES ANCIENNES ET MODERNES

PROVENANT

De la Maison MILLET

PAR SUITE DE CESSATION DE FABRICATION

Et pour partie en vertu d'un jugement d'autorisation du Tribunal de Commerce de la Seine, en date du 30 Octobre 1905, enregistré.

DONT LA VENTE AURA LIEU

HOTEL DROUOT — SALLE N° 1

Les Lundi 27, Mardi 28, Mercredi 29, Jeudi 30 Novembre 1905

et Vendredi 1er Décembre

A **DEUX** HEURES **PRÉCISES**

COMMISSAIRE-PRISEUR :

Me Frédéric LECOCQ

41, Rue Richer, 41

EXPERTS :

M. LE MAIRE-DEMOUY	**Mrs PAULME et B. LASQUIN fils**
64, Passage du Caire.	10, rue Chauchat et rue Laffitte, 12

EXPOSITION PUBLIQUE

Le Dimanche 26 Novembre 1905, de 2 heures à 6 heures

PARIS — 1905

CONDITIONS DE LA VENTE

Elle sera faite **expressément au comptant.**

Les Acquéreurs paieront **dix pour cent** en sus des enchérés.

Il ne sera admis **aucune réclamation** une fois l'**adjudication prononcée.**

MAULDE, DOUMENC et Cie, imprimeurs de la Cie des Commissaires-Priseurs,
rue de Rivoli, 144. 2000—30131

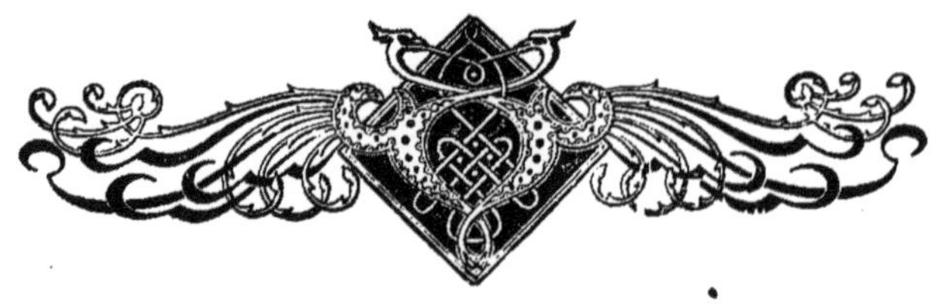

DÉSIGNATION

Première Partie

BRONZES ET MEUBLES

Vendus en vertu d'un Jugement d'autorisation du Tribunal de Commerce de la Seine, en date du 30 Octobre 1905, enregistré.

1 — Un Bureau, style **Louis XV**, en bois de violette et satiné frisé, garni de bronzes dorés.

Long. $1^{m}40$.

2 — Un grand Lustre, style **Louis XIV**, avec cristaux taillés, 28 lumières.

3 — Une Statue équestre de Louis XIV sur socle marbre.

2

4 — Une paire de grands Candélabres, Faune et Bacchante, style **Louis XVI,** socle marbre.

5 — Une Pendule Enfant tambour, style **Louis XVI,** socle fleur de pêcher.

Grand modèle.

Une paire de Candélabres d'accompagnement.

6 — Une paire de grands Bras, **têtes d'aigle,** 3 lumières.

7 — Une grande Jardinière en onyx, **têtes de Faune,** avec frise.

8 — Une paire de Vases en onyx allant avec la Jardinière précédente.

Garniture bronze doré.

9 — Un Bureau, style **Louis XV**, en bois de violette et satiné frisé, ornements bronze doré.

Long. 1m40.

10 — Une paire de grands Candélabres, style **Louis XVI,** Femmes bronzées et marbre noir.

11 — Une paire de grands Chenets, style **Louis XIII**, à boules polies.

12 — Un Cartel, style **Louis XVI,** guirlandes de lauriers.

13 — Un Lustre à 20 lumières, bronze doré, plaquettes taillées avec consoles.

14 — Une paire de Candélabres **Enfants**, 2 lumières, cornes d'abondance.

15 — Une paire de Candélabres **chinois**, à l'électricité.

16 — Groupe **Amour marchand de plaisirs**, marbre brocatelle.

17 — Un Encrier, style **Louis XVI,** Enfant tambour.

18 — Un Lustre à 20 lumières, bronze doré, plaquettes gouttes, bassins creux, **forme lyre.**

19 — Un Bureau-cylindre, style **Louis XVI**, avec étagère acajou ciré et garniture bronze doré.

20 — Une Paire de Vases, granit **rose** avec bouquets de roses, lys et pavots, 6 lumières.

21 — Un grand Bureau, style **Régence**, en bois de violette et satiné, bronzes dorés.

L'original est au Ministère de la Marine.

22 — Un grand Meuble, style **Louis XVI,** en ébène, à deux portes à panneaux de laque.

Garniture bronze doré.

Dessus marbre brocatelle.

23 — Une paire d'Appliques, style **Louis XVI,** têtes d'aigles, 5 lumières.

24 — Une paire de Colonnes à mouchettes, marbre **fleur de pêcher.**

Haut. 1m36.

25 — Une paire de grands Flambeaux, style **Louis XVI,** têtes de lions dorées.

Haut. 0m28.

26 — Une paire de grandes Appliques, style **Louis XVI,** 5 lumières.

27 — Une Table, style **Louis XIV,** en bois sculpté doré à l'eau, dessus marbre vert antique.

28 — Une paire de Vases, style **Louis XVI,** porphyre d'Orient, têtes de béliers.

29 — Une paire de Chenets, style **Régence,** buste Femme, avec ferrures anciennes.

30 — Un grand Bureau, style **Louis XIV,** chutes à bustes de Femmes, poignées tombantes, ceinture à têtes dans les bouts.

31 — Une paire de petits Candélabres, style **Louis XVI,** Enfants sur boule bleue.

32 — Une paire de Cassolettes, style **Louis XVI,** en spath fluor vert, trépieds à têtes de lions. Bronze doré.

33 — Une paire d'Appliques, style **Louis XV,** à lyre.

34 — Un Lustre, style **Louis XV,** tout bronze, 9 lumières.

35 — Un Cartel, style **Louis XV,** à fleurettes, avec baromètre.

36 — Une paire de Colonnes, marbre **griotte.**

Haut. $1^{m}40$.

37 — Une Table, style **Louis XVI,** « Les Muses », en marqueterie, tiroir à secret à l'intérieur. Garniture bronze doré.

Copie de Trianon.

38 — Une paire de Cassolettes, style **Louis XVI**, porphyre.

39 — Une paire de grands Flambeaux, **Enfants assis,** 2 lumières, sur socle marbre griotte.

40 — Une paire d'Appliques, style **Louis XVI,** à 5 lumières.

41 — Une paire de Cassolettes, style **Louis XVI,** vase améthystes, perles.

42 — Une Table-Bibliothèque, style **Louis XV,** dessus brèche sanguine, bois de violette et satiné.

Garniture bronze doré.

43 — Un Lustre, style **Louis XV,** à 24 lumières. bronze doré.

44 — Un Encrier, style **Louis XV**, deux godets, bronze doré.

45 — Une Vitrine, style **Louis XVI,** demi-lune, à deux corps, acajou verni, garniture bronze doré.

46 — Un Lustre, style **Louis XIV**, à cristaux, 24 lumières, 4 consoles, à l'électricité.

47 — Un Guéridon **marqueterie,** trois colonnes cuivre.

48 — Une paire de Flambeaux, style **Louis XV,** bronze doré.

49 — Une Pendule, style **Louis XVI,** cornes d'abondance, marbre blanc et bronze doré.

50 — Une paire de grandes Appliques, style **Louis XV**

51 — Une paire de grands Vases-Candélabres, cipolin, 3 lumières, bronze doré.

52 — Une Pendule, l'**Amour et la Muse,** socle griotte.

53 — Une Pendule **Enfants dansants.**

54 — Une paire de Vases candélabres, à 2 lumières, bronze doré, accompagnant la pendule **Enfants dansants.**

55 — Une paire de Colonnes marbre vert **Herculanum.**

Haut. $1^{m}35$.

56 — Un Buste **Beaumarchais,** marbre brocatelle.

57 — Une Lampe style **Louis XVI,** marbre griotte d'Italie.

58 — Un Lustre style **Louis XIV,** à 28 lumière l'électricité.

59 — Une paire de Candélabres style **Louis XVI,** 4 lumières, marbre brèche de Numidie.

60 — Une paire de Vases style **Louis XVI,** en porphyre vert, anses à serpents.

61 — Une paire d'Appliques style **Louis XVI,** le corps en marbre blanc.

62 — Une paire de Flambeaux, style **Louis XV,** dorés.

63 — Une Pendule style **Louis XVI**, médaillon Henri IV et 3 enfants cariatides.

64 — Une paire d'Appliques style **Régence**, sujets Mars et Minerve, 2 lumières.

65 — Une paire de Colonnes marbre vert **Herculanum**.

Haut $1^{m}22$.

66 — Une paire d'Appliques, tête d'aigles, 3 lumières.

67 — Un Lustre style **Louis XIV**, 20 lumières, genre de Versailles, branches rondes, à cristaux.

68 — Une paire de Cassolettes style **Louis XVI**, améthyste.

69 — Un cartel style **Louis XV**, vernis Martin.

70 — Une paire de Girandoles style **Louis XV**, 5 lumières.

71 — Une Vitrine style **Louis XV**, dessus marbre, bois de violette et satiné, vitrée à encadrements, garniture bronze doré.

72 — Une paire de grands Vases en porphyre d'Orient de style **Louis XVI**, à têtes de satyres, frise de roses au corps.

73 — Une paire d'Appliques style **Louis XVI**, 2 lumières.

74 — Une petite Table style **Louis XV**, contournée, en bois de violette, marqueterie à quadrillés, dessus cuir,

Garniture bronze doré.

75 — Une paire de Vases candélabres, 3 lumières, cipolin.

76 — Une paire de Lampes style **Louis XV,** boule rouge haricot.

77 — Une petite Table style **Louis XV,** marqueterie à quadrillé, bois de violette.

Garniture bronze doré.

78 — Un Lustre style **Louis XIV,** 8 lumières, tout bronze doré.

(Modèle de la Bibliothèque Mazarine).

79 — Une Glace style **Louis XV,** 4 lumières, bronze argenté.

80 — Un Cadre style **Louis XVI,** ruban galerie, perles et rais de cœur.

81 — Un Presse-Papier Levrette, marbre brèche d'Alep.

82 — Un petit Lustre hollandais, 5 lumières, bronze poli.

83 — Une Table rognon style **Louis XVI,** acajou verni, garniture bronze doré, encadrements et astragale.

84 — Une paire de Girandoles style **Louis XIV,** 7 lumières.

85 — Un Groupe **Villageois,** socle griotte.

86 — Une paire de petits Flambeaux style **Louis XV,** enfants, socle marbre avec tigettes.

87 — Une paire d'Appliques style **Louis XVI,** tête d'aigles, 3 lumières, avec tête de Faune.

88 — Une Gaine style **Louis XIV,** bois noir ciré et poli, garniture bronze doré.

89 — Une paire de Vases style **Louis XVI,** en spath fluor.

90 — Une paire de Colonnes style **Louis XV,** grand modèle brèche de Numidie.

91 — Une paire de **Porte-Bouquets,** marbre blanc, bronze doré, avec cornets en cristal.

92 — Un Lustre électrique style **Louis XV,** 12 lumières, bronze verni

93 — Un Cadre style **Louis XV**, argenté, sur velours.

94 — Une Table guéridon, à 3 pieds, style **Louis XVI,** acajou verni, fond bois vert, frise roses à la ceinture, garniture bronze doré.

95 — Un petit Sujet, **Faune sur tortue,** sur marbre ovale, petite Coupe rouge, œil de tigre.

96 — Un Cadre style **Louis XVI,** bronze doré.

97 — Une Pendule baromètre-thermomètre, buste **Marie-Antoinette.**

98 — Une paire de Girandoles style **Louis XV,** 5 lumières.

99 — Une paire de Flambeaux style **Louis XV,** socle à guirlandes.

100 — Une paire d'Appliques style **Louis XVI,** vases en porphyre.

101 — Un Thermomètre style **Louis XV,** émail sur fond en maroquin.

102 — Un Cadre style **Louis XVI,** pour miniature, fond cuivre, à chevalet avec fronton.

103 — Une Lampe style **Louis XV,** genre Saxe, garniture bronze doré.

104 — Un Cadre style **Renaissance,** bois noir, ornements sculptés et dorés, émaux.

105 — Une paire de **Colonnes,** fleur de pêcher, bases ciselées.

106 — Une petite Table style **Louis XVI**, en ébène, marqueterie à losanges, dessus formant liseuse à chevalet, garniture bronze doré.

107 — Un Cadre ovale style **Louis XVI**, bronze doré, moulures molletées.

108 — Un Cadre style **Louis XVI,** rectangulaire, à palmettes.

109 — Un petit Lustre **électrique,** Lampe ampoule à cornet, bronze verni.

110 — Une **Vénus de Milo,** sur marbre brocatelle.

111 — Un Bougeoir style **Louis XV,** à coquille, bronze doré.

112 — Une paire d'Appliques style **Louis XV,** 3 lumières.

113 — Une petite Table style **Louis XVI**, en ébène, marqueterie à losanges, dessus formant liseuse à chevalet, garniture bronze doré.

114 — Un Encrier laque, 2 godets et **forme cœur,** 2 lumières.

115 — Un Cadre style **Louis XVI,** laurier, avec ruban.

116, 117, 118 — Trois Cadres style **Louis XVI**, à rubans fleurs laurier, bronze doré.

119 — Une Console style **Louis XVI,** acajou verni, à pieds ronds, forme demi-lune, dessus marbre brocatelle, garniture bronze doré.

120 — Une paire de petits Vases candélabres style **Louis XVI**, améthyste, 3 lumières roses.

121 — Un Coffre à dentelles, garni d'étoffe ancienne.

122 — Un Meuble cabinet, style **Renaissance,** noyer ciré, garniture bronze doré.

123 — Une paire d'Appliques, **Serpents,** 3 lumières, branches de roses.

124 — Une Console style **Louis XVI,** acajou verni, pieds carrés, forme demi-lune, dessus marbre brocatelle, garniture bronze doré.

125 — Un petit Cadre style **Louis XIV**, doré.

126 — Un porte-montre à tête de **Chèvre**, bronze doré.

+

127 — Un petit Lit style **Louis XVI**, en acajou.

128 — Une paire d'Appliques style **Louis XVI**, 5 lumières.

129 — Une **Diane de Gabies**, sur socle rouge antique.

130 — Un Cadre style **Louis XVI**, ébène, feuilles de persil et ruban.

131 — Un petit Lustre style **Louis XIII**, à 6 lumières, bronze poli.

132 — Une Buire style **Louis XV**, spath vert.

133 — Une Vitrine style **Louis XV**, 3 panneaux peinture, encadrements unis, bois de violette, dessus marbre, garniture bronze doré.

134 — Une paire de Chenets style **Louis XIV**, bronze poli.

135 — Une paire de Girandoles style **Louis XIV**, à cristaux, 5 lumières bougies, bronze verni.

136 — Un Buste terre cuite, **Fille de Ferme**.

137 — Une paire de Colonnes en marbre bleu turquin, à base unie.

138 — Une Table style **Louis XIV**, avec entretoise en X, dessus bois frisé, garniture bronze doré.

139 — Un Lustre **Hollandais**, 12 lumières, bronze poli.

140 — Un grand Bureau style **Louis XVI**, à cylindre à lames, acajou ciré, 2 tiroirs secrets, garniture bronze doré.

141 — Une Pendule style **Louis XVI**, Femme couchée, en bronze doré, socle onyx vert.

142 — Une paire de Bouts-de-table, style **Régence.**

143 — Une Table vitrine palissandre, entretoise à **Dauphin**, bas-relief enfants, vitrine posée sur la table, 2 tablettes tirantes, garniture bronze doré.

144 — Un Cadre style **Louis XV**, bronze argenté.

145 — Un Groupe **Fileuse**, sur socle griotte.

146 — Un Cadre style **Louis XVI**, rond, rubans et perles.

147 — Un Guéridon style **Louis XVI**, tiroir mécanique, acajou verni, dessus marbre, pieds ronds à tigettes, garniture bronze doré.

148 — Une paire de Girandoles, style **Louis XIV**, bronze poli.

149 — Un Cartel style **Louis XV**, vernis Martin.

150 — Une paire de petits Chenets style **Louis XIII**, à flammes, bronze poli.

151 — Une paire de petites Cassolettes, têtes de Sphinx.

152 — Une Psyché style **Louis XVI**, ovale, 4 lumières, bronze argenté.

153 — Un Cadre argenté **ovale**, sur chevalet velours.

154 — Une paire de petits Candélabres, **Faunes**, 2 lumières.

155 — Un Vase style **Louis XVI**, marbre rouge antique et bronze doré.

156 — Un Buste terre cuite, **Duc de Lauzun.**

157 — Un Cachet **Baigneuse** penchée, bronze argenté.

158 — Un seul Vase style **Louis XV**, marbre paonazetto, garniture bronze doré.

159 — Un Cadre style **Louis XVI**, pour miniature, laurier et molleté.

160 — Une Statuette, femme à l'arc « **Garde à vous** », sur socle en marbre griotte.

161 — Une Lampe style **Louis XV,** porcelaine rouge haricot.

162 — Un Porte-montre **Têtes de chèvres**, en bronze doré.

163 — Une Table style **Louis XVI,** frise à roses, galerie à balustre.

164 — Un Lustre style **Louis XVI**, avec cristaux.

165 — Un Meuble style **Louis XVI,** acajou verni, forme demi-lune à deux corps, celui du haut à portes avec peinture, celui du bas à jour, en acajou verni. Garniture bronze doré.

166 — Une paire de Girandoles style **Louis XIV**, pieds ronds à godrons, 5 lumières à cristaux.

167 — Un Cadre style **Louis XV** bronze argenté sur fond velours rouge.

168 — Un Porte-montre style **Louis XVI**, à têtes de béliers sur fond velours, bronze doré.

169 — Une Étagère d'applique style **Louis XV**, toute laquée.

170 — Une paire de Girandoles style **Louis XIV**, à cristaux.

171 — Une petite Table style **Louis XV**, 2 tiroirs.

172 — Un Cadre style **Louis XVI**, pour miniature, laurier, roses et ruban.

173 — Une paire de Flambeaux style **Louis XV**, en argent, dans un écrin ancien.

174 — Une paire de petits Chenets style **Louis XIV**.

175 — Une paire de Vases style **Empire**, marbre rouge antique.

176 — Une Pendule style **Louis XVI**, enfant tambour marbre St-Augustin.

177 — Un Cartel style **Louis XVI**, bronze doré, sur chevalet.

178 — Une paire de sujets **Femmes à l'oiseau**, d'après Falconnet, sur socle marbre blanc à canaux.

179 — Une paire de Flambeaux style **Louis XV**, bronze doré.

180 — Une Table guéridon 4 pieds style **Louis XVI**, acajou verni, à frise de roses sur fond vert.

Garniture bronze doré.

181 — Un Cadre style **Louis XIII**, argent sur velours bleu.

182 — Un Porte-montre à **têtes de chèvres**, bronze doré.

183 — Un Cadre de glace style **Louis XVI**, blanc et or.

184 — Une petite Statuette **Renommée**, sur socle.

185 — Une Table ovale, dessus et ceinture marqueterie à fleurs.

Garniture bronze doré.

186 — Une Pendule style **Louis XVI**. 3 enfants, bronze doré.

187 — Un petit **Cartel** à coquille, sur fond velours.

188 — Un Encrier style **Louis XV**. orfèvrerie, vieil argent.

189 — Une petite Table style **Louis XV**, dessus peau, tablette entretoise, bois de violette et satiné, bronze doré.

190 — Un Buste **Jason**, bronze.

191 — Un petit Brûle-parfums **Japonais**, avec couvercle.

192 — Un grand Bougeoir style **Louis XV**, cuivre repoussé et doré.

193 — Une paire d'Appliques style **Louis XVI**.

194 — Un petit Buste **Dubarry**, sur socle rouge antique.

195 — Une paire de **Bras à serpent**, fond velours bleu.

196 — Une Pendule style **Louis XVI**, 3 enfants, bronze argenté, socle onyx.

197 — Un petit Guéridon style **Louis XVI**, en amarante et bois vert, dessus marbre, garniture bronze doré.

198 — Un Bénitier style **Louis XIV**.

199 — Une Table porte-lampe style **Louis XVI**, bois d'amarante, bronzes dorés, dessus en marbre.

200 — Un Encrier style **Louis XVI**, vase à têtes de chèvres.

201 — Une paire d'Appliques style **XIV**, lyre à tête de femme.

202 — Un Buste **Médée** bronze.

203 — Un Cadre, **Tête de faune.**

204 — Une paire d'Appliques style **Louis XVI**, têtes d'aigles, 3 lumières.

205 — Un petit Sujet **Faune sur Tortue,** socle marbre blanc, petite coupe ovale œil de tigre.

206 — Une paire d'Appliques style **Louis XV**.

D'après CAFFIERI.

207 — Une Table style **Louis XVI**, moulure torsade, bois de violette et satiné.

Garniture bronze doré.

208 — Un Cadre style **Louis XV.**

209 — Une Coupe **Jaspe herborisé**, sur triton et tortue.

210 — Un petit Coffret, plaques **Onyx.**

211 — Un Thermomètre-baromètre style **Renaissance,** en argent.

212 — Une paire d'Appliques style **Louis XV.**

213 — Un **Chien,** bronze doré.

214 — Une paire de Cassolettes prisme d'**Améthyste.**

215 — Une Jardinière style **Renaissance,** 4 plaques faïence, décors en relief.

Garniture bronze doré.

216 — Un Bougeoir style **Louis XIV**, tout bronze doré.

217 — Une Veilleuse style **Louis XV.**

218 — Une paire d'Appliques, bronze verni.

Modèle du Ministère de la Marine.

219 — Un Encrier style **Louis XV**, 1 godet.

220 — Un Presse-Papier **Enfant à genoux,** bronze, sur socle griotte.

221 — Un Médaillon **Alexandre-le-Grand** (tête sur fond gainerie vieux bleu).

222 — Un Cadre style **Louis XV.**

223 — Une Statuette **Baigneuse,** d'ALLEGRIN.

224 — Un Groupe **Deux Enfants et une Panthère,** bronze sur socle marbre.

225 — Une paire de Girandoles style **Louis XIV,** 8 lumières.

226 — Une paire d'Appliques style **Louis XV.**

227 — Une paire de Vases en **granit rose,** bouquets, 3 lumières.

228 — Un Cadre style **Louis XV.**

229 — Un Cachet **Baigneuse au dauphin,** avec écrin.

230 — Une paire d'Appliques style **Louis XVI,** 3 lumières, vase et guirlandes.

231 — Petite Pendule style **Louis XVI,** 3 enfants, en argent, avec parties dorées, aiguilles et heures en or.

232 — Un Buste terre cuite **Femme,** style **Louis XV**.

233 — Un Presse-papier **Levrette,** bronze bronzé, marbre fleur de pêcher.

234 — Un Thermomètre style **Louis XVI,** sur peluche.

235 — Un Encrier style **Renaissance,** Ours à la boule.

236 — Un Cadre style **Louis XIII,** rectangulaire, arc et rubans.

237 — Une Lampe style **Louis XV,** bronze doré à godrons.

238 — Deux Gaines en marbre rouge avec panneaux en vert de mer.

239 — Une paire de Girandoles style **Louis XV**, 5 lumières argentées.

240 — Une Faune de **Naples**, sur socle vert de mer.

241 — Une paire d'Appliques style **Louis XV**, 2 lumières.

242 — Un Cadre style **Louis XV**, argent.

243 — Un Buste **Walter Scott.**

244 — Une Pendule style **Louis XVI**, l'Amour Désarmé, marbre griotte, cadran décoré.

Garniture bronze doré.

245 — Une Coupe **Améthyste,** à canaux et à têtes de béliers.

Garniture bronze doré.

246 — Un petit Lustre style **Louis XVI,** 6 lumières, tout bronze.

247 — Une paire d'Appliques style **Louis XV**, 5 lumières.

248 — Un Encrier style **Louis XV,** avec sujet Saxe, 2 godets.

249 — Un **Cadre**, sur maroquin.

250 — Une presse-papier **Enfant endormi,** sur marbre rouge antique.

251 — Un Groupe **Enfants à la Chèvre,** bronze bronzé, socle marbre.

252 — Une paire de **Bouts de table,** à figures.

253 — Une paire de Flambeaux style **Louis XV.**

254 — Un Cadre style **Louis XVI,** ovale, à chevalet ruban et fleurs.

255 — Porte-montre **Robinson**, vieil argent, sur fond velours vieux bleu.

256 — Un Semainier style **Louis XV**, argenté.

257 — Glace style **Louis XIII**, ornement bronze.

258 — Un **Chien épagneul** sur socle marbre griotte.

259 — Un petit Lustre style **Louis XV**, carquois et corbeille cristal bleu.

260 — Une paire d'Appliques style **Louis XVI.**

261 — Une **Coupe Cornaline**, garniture bronze doré.

262 — Une paire de Statuettes **Faune** et **Bacchante**, bronze, socle marbre.

263 — Un Lampadaire style **Louis XV**, noyer sculpté, parties dorées, bouquets 3 lumières, bronze doré, abat-jour étoffe.

264 — Une paire de Flambeaux style **Louis XV**, bronze argenté.

265 — Une paire d'Appliques style **Louis XVI**, 3 lumières sur fond velours.

266 — Une paire de Vases style **Louis XVI**, en faïence bleue, bouquets à 4 lumières.

267 — Un Cadre style **Louis XVI**, rectangulaire sur chevalet.

268 — Un **Coupe-papier** argenté.

269 — Une Glace style **Louis XIII**, fer repoussé.

270 — Une Chaise style **Louis XVI**, acajou et bronze doré.

271 — Un Porte-montre **petite Lyre** sur planchette velours.

272 — Une Pendule le **Temps**, boule émail, socle onyx, bronze doré, en écrin.

273 — Une paire de Flambeaux style **Louis XV**, bronze doré.

274 — Une paire de Vases, style **Louis XV**, marbre cipolin et garniture bronze doré.

275 — Un Porte-Montre style **Louis XIV**, sur chevalet.

276 — Une Pendule « **Jour et Nuit** », bronze doré, socle onyx vert, en écrin.

277 — Une Torchère style **Louis XV**, à écran et plateau à glace, poche étoffe et abat-jour.

278 — Un Porte-Montre style **Louis XIII**.

279 — Une paire de petits Vases style **Louis XVI**, marbre griotte, anses bronze doré.

280 — Un Presse-papier **Chat** tout bronze.

281 — Une Pendule style **Louis XIV**, marqueterie cuivre et écaille, avec cul-de-lampe.

282 — Un Appareil de plafond **branche de roses**, 1 lumière, bronze doré.

283 — Une paire d'Appliques style **Louis XVI**, à 3 lumières, grosses branches, 3 carquois et rubans.

D'après Gouthière.

284 — Un Thermomètre style **Louis XV**, plaque émail sur velours.

285 — Une paire d'Appliques style **Louis XIV**, à têtes de lions.

286 — Une paire de Candélabres style **Louis XVI**, femmes bronzées, socle marbre noir.

287 — Un Cadre ovale style **Louis XVI**.

288 — Un Semainier style **Louis XV**, bronze argenté.

289 — Une paire de Candélabres style **Louis XVI**. à 3 lumières, enfants bronzés.

290 — Une paire de petits **Vases**, onyx de Californie, 3 lumières roses.

291 — Un Thermomètre style **Louis XV**, émail sur fond maroquinerie.

292 — Un Cadre style **Louis XVI**, acajou, perles bronze doré.

293 — Une paire d'Appliques style **Louis XIV**, à lambrequins.

294 — Une paire de Flambeaux style **Louis XV**, dorés.

295 — Un Buste **Byron**, sur marbre brocatelle.

296 — Un cartel style **Louis XV**, à fleurettes.

297 — Un Cachet **Marie-Antoinette**.

298 — Une Veilleuse style **Louis XVI**, cristal bleu.

299 — Une paire de Candélabres style **Louis XVI**, enfants sur socle, 4 lumières.

300 — Une paire d'Appliques style **Louis XVI**, 3 lumières.

301 — Une petite Applique style **Louis XVI**, à l'électricité.

302 — Un Porte-montre **Chinois**, vieil argent, fond velours vieux bleu.

303 — Une Psyché style **Louis XVI**, ovale, bronze doré.

304 — Une paire de Candélabres style **Louis XVI**, bronze doré, socle griotte.

305 — Une paire d'Appliques têtes de Femmes, style **Louis XV**.

306 — Un Cadre, style **Louis XV,** argenté, sur chevalet maroquinerie.

307 — Une paire de grands Chenets, style **Louis XV,** sujets chinois.

308 — Une paire de Bouts-de-Table, style **Régence,** 2 lumières, argentés.

309 — Une paire d'Appliques, style **Louis XV,** 3 lumières.

310 — Une paire de Vases style **Louis XV,** à godrons tors, marbre griotte et bronze doré.

311 — Un Cachet, **Trois Grâces,** vieil argent.

312 — Une Buire, style **Louis XV,** bronze doré.

313 — Une paire d'Appliques, style **Louis XV.**

314 — Une petite Horloge **gothique.**

315 — Une paire de Bouts-de-Table, style **Louis XV,** 2 lumières.

316 — Un Groupe **Les Gaietés du Village,** bronze.

317 — Une paire de petits Candélabres, style **Louis XVI,** Enfants sur boules bleues.

318 — Un Buste **Jean-Jacques Rousseau**, socle marbre griotte.

319 — Une paire d'Appliques, style **Louis XV**, 2 lumières.

320 — Une paire de Flambeaux, style **Louis XIV**, grand modèle.

321 — Un Thermomètre, style **Louis XVI**, plaque vernis Martin, cadre acajou.

322 — Une petite Applique style **Louis XVI**, à l'électricité.

323 — Une paire de Chenets, style **Louis XIII**, polis, sans ferrures.

324 — Un Cartel, style **Louis XV**, à fleurettes sur fond peluche.

325 — Une paire de Flambeaux, style **Louis XVI**, Enfant, socle serpentine.

326 — Un Buste **Voltaire**, marbre griotte.

327 — Un Fauteuil de Bureau acajou verni, canné doré.

328 — Une paire de Flambeaux, style **Louis XIV**.

329 — Une Pendule, style **Louis XVI « Enfant au Tambour »**, sur socle marbre.

330 — Une paire de Flambeaux, style **Louis XVI,** colonnes à tigettes, bronze doré, à l'électricité.

331 — Un Brûle-Parfum, **brèche africaine,** anses à dragons, bronze doré.

332 — Un Semainier anglais, style **Louis XV,** doré sur fond maroquinerie.

333 — Un Médaillon **Vierge**, sur chevalet velours, bronze doré.

334 — Une petite Applique, **branche de rose**, 1 lumière.

335 — Une paire de Flambeaux style **Louis XV.**

336 — Une paire de Candélabres style **Louis XVI,** bronze doré, socle marbre Saint-Augustin.

337 — Un Buste de **Louis XIV.**

338 — Une Pendule **Religieuse,** en ébène.

339 — Un petit Cartel style **Louis XV,** argenté.

340 — Un **Cadre ovale,** sur fond velours.

341 — Un Cartel style **Louis XV,** à roseaux, bronze doré, sur chevalet, fond velours rouge.

342 — Une paire de Flambeaux style **Louis XIV,** colonnes à feuilles, bronze doré.

343 — Un Tabouret style **Louis XV,** bois sculpté et doré.

344 — Un Flambeau style **Louis XVI,** 1 lumière électrique, avec abat-jour, pied bronze doré à godrons.

345 — Une paire d'Appliques style **Louis XV,** 3 lumières.

346 — Un **Semainier** argenté, sur chevalet maroquinerie.

347 — Une paire d'Appliques style **Louis XIV,** 5 lumières.

348 — Une paire de Flambeaux style **Louis XVI**, améthyste.

349 — Un Médaillon **Christ,** bronze doré, sur chevalet velours.

350 — Une paire d'Appliques style **Louis XV**, 3 lumières. D'après Caffieri.

351 — Un Thermomètre style **Louis XVI,** en bronze argenté.

352 — Un Semainier style **Louis XV,** doré, sur chevalet velours.

353 — Une Applique **Louis XIII,** à lumières, médaillon peinture.

354 — Un Bout-de-table style **Louis XV.**

355 — Un Cartel style **Louis XIV.**

356 — Une Applique, style **Louis XIV,** 2 lumières, fond à glace.

357 — Un Flambeau style **Louis XV,** pieds coquilles, balustre à piastres.

358 — Un Encrier style **Louis XV,** à 2 godets en bronze doré et à sujet Saxe.

359 — Une Applique style **Louis XVI,** à l'Électricité.

360 — Une paire de Girandoles **hollandaises,** bronze verni.

361 — Un Cartel style **Louis XIV.**

362 — Un Semainier style **Louis XV,** sur velours.

363 — Une Applique, 3 lumières électriques, **Fleurs de Lys.**

364 — Un Porte-Montre, dauphin doré, style **Louis XVI.**

365 — Une Applique style **Louis XVI**, à serpents.

366 — Un Bout-de-Table style **Louis XV**, bronze doré.

367 — Un Bougeoir style **Empire**, plateau à godrons.

368 — Un Buste style **Louis XV**, sur marbre vert d'Égypte.

369 — Un Cartel style **Louis XV**, à fleurs.

370 — Un Flambeau style **Louis XV**, 2 lumières, avec pied rocaille, abat-jour.

371 — Un Brûle-Parfum style **Louis XV**, porphyre, bronze doré.

372 — Une paire de Bouts-de-Table style **Renaissance.**

373 — Un Flambeau style **Louis XIV.**

374 — Une petite Colonne, marbre fleur de pêcher, garniture bronze doré.

375 — Petite Statuette de **Louis XIV**, bronze doré, sur socle marbre.

376 — Une Colonne, marbre vert **Herculanum**, garniture bronze doré.

377 — Un Buste **Diane**, de Houdon, bronze, socle marbre.

378 — Une Colonne verte **Herculanum**, plateau griotte jaspée, bronze verni.

379 — Un Buste terre cuite **Marie Lecksinska**, avec piédouche marbre.

380 — Une paire de petits Chenets, forme basse, pieds carrés, sans ferrures.

381 — Une paire de petits Chenets style **Louis XIII**, à flammes, sans ferrure.

382 — Deux petits Flambeaux style **Louis XV**, à fleurettes, bronze doré.

383 — Une Pendule style **Louis XV**, à anneau, bronze doré.

384 — Une Pendule style **Louis XVI**, faunes, bronze doré.

385 — Deux Appliques style **Louis XVI**, bronze doré, motifs serpents.

386 — Un Porte-Montre style **Louis XVI,** forme lyre sur fond velours.

387 — Un Porte-Montre style **Louis XVI,** forme lyre sur fond velours.

388 — Un Thermomètre style **Louis XV,** motif chute d'eau, plaque peinture, sur fond velours.

389 — Un Cartel style **Louis XV**, à roseaux, sur chevalet.

390 — Un Cartel style **Louis XV**, à fleurettes, bronze doré.

391 — Deux Vases style **Louis XVI**, en porphyre, garniture bronze doré.

392 — Un Lustre style **Louis XVI,** à têtes d'aigles, avec chaînes.

393 — Une petite Applique style **Louis XVI**, à l'électricité.

394 — Un Lustre style **Louis XVI**, carquois émaillé bleu, cordes et couronne de fleurs; 12 lumières à bougie.

395 — Deux Appliques style **Louis XIV,** à 5 lumières, à têtes de lions, bronze doré.

396 — Deux Appliques style **Louis XVI,** motifs serpents et petits rubans, bobèches fleurs.

397 — Une petite Vitrine style **Louis XV,** en bois de violette, dessus marbre, garniture bronze doré.

398 — Un petit Thermomètre style **Louis XV,** avec plaques peinture.

399 — Un **Coupe-papier**, bronze argenté avec écrin.

400 — Deux grandes Colonnes style **Louis XV,** en marbre, brèche sanguine, garniture bronze doré.

401 — Deux Candélabres **Amours**, bronze, avec guirlandes bronze doré, socle marbre blanc.

402 — Une petite Pendule style **Louis XV**, à anneau bronze doré.

403 — Un Porte-Montre à colonnes et guirlandes laurier style **Louis XVI,** bronze doré.

404 — Un Porte-Montre à colonnes et guirlandes laurier style **Louis XVI,** bronze doré.

405 — Un Flambeau bout de table style **Louis XIV,** branches à figures, bronze doré.

406 — Un Paravent à 3 feuilles style **Louis XV,** bois scupté et doré. Le haut vitré, le bas garni d'étoffe.

407 — Deux Candélabres vases style **Louis XVI,** en granit rose, avec bouquets à 5 lumières, bronze doré.

408 — Deux Bras style **Régence**, enfants à 6 lumières sur fond velours.

409 — Un Encrier style **Louis XV,** à 2 godets, bronze doré avec sujet Saxe.

410 — Une petite Pendule style **Louis XV**, à dragons bronze doré.

411 — Une grande Jardinière style **Louis XVI**, bronze doré, motifs découpés sur fond émaillé bleu de roi.

412 — Un Flambeau style **Louis XIV**, 2 lumières bronze doré, branches à figures.

413 — Deux Vases style **Louis XVI**, en marbre cachemire oriental, bouquet à 6 lumières.

414 — Deux Appliques style **Louis XV**, à 3 lumières, à roses.

415 — Un Encrier style **Louis XVI**, Enfant à 2 lumières, bronze doré, sur socle marbre blanc.

416 — Un Buste **Marie Fédérowna**, en marbre blanc, piédouche bleu turquin.

417 — Un Flambeau bouillotte style **Louis XVI**, bronze doré.

418 — Un Encrier style **Louis XV**, 2 godets, plateau laque, bronze doré.

419 — Deux petits Chenets style **Louis XV**, sujets Oiseaux, bronze doré.

420 — Une Table à thé, style **Louis XV**, à 2 étagères, en bois de violette et satiné ciré, dessus marbre.

421 — Une Table style **Louis XIV**, bois sculpté et doré. Dessus marbre porphyre et onyx.

422 — Un **Enfant à l'Escargot**, bronze bronzé, socle marbre.

423 — Une Statuette **César assis**, socle marbre.

424 — Une Pendule style **Louis XV**, en écaille verte, marqueterie à fleurs de couleur.

425 — Un Buste **Apollon**, bronze vert, socle marbre. Genre ancien

426 — Deux petites Appliques style **Louis XV**, à 2 lumières, bronze doré.

427 — Deux **Colonnes** en cipolin vert, garniture bronze doré.

428 — Un Groupe en bronze, **La Danse de Mai**, socle marbre.

429 — Une **Chaise**, forme Lyre en acajou ciré.

430 — Une **Chaise** forme droite en acajou ciré.

431 — Une Chaise style **Louis XVI**, en acajou, dessins à volutes et colonnettes.

432 — Une Chaise style **Louis XVI**, en acajou, à colonnettes.

433 — Une Chaise style **Louis XV**, en palissandre sculpté, garniture bronze doré.

434 — Deux Girandoles à cristaux style **Louis XV**, à lumières électriques, pieds triangulaires.

435 — Un Porte-Montre style **Louis XVI**, ruban à carquois, sur chevalet, bronze doré.

436 — Un petit **Guéridon** rond, à 3 pieds, à colonnes accouplées, tout bronze doré.

437 — Deux **Buires** en Jaspe mousseux style **Louis XVI**, garniture bronze doré.

438 — Deux Candélabres style **Louis XVI**, forme œuf en spath fluor vert, bouquet 3 lumières, roses, bronze doré.

439 — Deux Candélabres style **Louis XVI**, forme œuf en spath fluor vert, bouquet 3 lumières, roses, bronze doré.

440 — Un Meuble cabinet style **Louis XV**, très galbé, marqueterie Roseaux et Enfants.

Garniture bronze doré.

H aut. 2 mètres.

441 — Un petit Cartel **Louis XV**, avec peinture sur fond velours.

442 — Un Buste marbre blanc **Marie-Federowna**.

Haut. $0^{m}75$.

443 — Un petit Thermomètre style **Louis XV**, avec plaques peinture.

444 — Un Buste terre cuite, **Le Dauphin**, avec piédouche marbre.

445 — Une grande Pendule à glace style **Louis XVI**, motif Tête de coq, bronze doré.

446 — Une Table style **Louis XVI** à pieds carrés.

447 — Deux **Cassolettes** marbre rose, à trépied et Têtes de Lion, bronze doré.

448 — Un Bougeoir style **Louis XIV**, bronze doré.

449 — Deux Girandoles style **Louis XIV,** à 4 lumières bronze doré.

450 — Un Encrier style **Louis XV,** forme rognon, à 2 godets et 2 lumières.

451 — Deux Bouts-de-Table **Enfants**, à 2 lumières socle brocatelle.

452 — Deux Candélabres **Enfants**, 3 lumières, branche de roses, bronze doré. Socles carrés en griotte.

453 — Une Pendule, enfant Tambour style **Louis XVI**, socle fleur de Pêcher et bronze doré.

454 — Deux Chenets style **Louis XVI**, Vases et Têtes de Lions.

455 — Un Vase à godrons, en granit rose, anses à roseaux, culot coquille, garniture bronze doré.

456 — Deux Flambeaux style **Empire**, à 3 têtes accouplées, bronze doré, marbre jaune de Sienne.

457 — Deux Candélabres style **Louis XVI,** Enfants, 6 lumières, bronze doré.

458 — Une Lampe style **Louis XV**, à godrons, bronze doré, à l'électricité.

459 — Deux Appliques style **Louis XIV,** à cristaux, 5 lumières.

460 — Un Groupe **Enlèvement d'Orythie par Borée.**

Socle marbre.

461 — Une petite Figurine Saxe, **Amour au manchon**.

462 — Une petite Figurine Saxe, **Amour aux yeux bandés.**

463 — Deux Girandoles style **Louis XV**, pied triangulaire, branche au centre.

464 — Une petite Table style **Louis XV**.

465 — Un baromètre style **Louis XV,** plaque émail, Femmes et Amour.

466 — Un Ecran style **Louis XVI,** en acajou ciré et bronze doré, garni d'étoffe, pupitre à abattant formant papeterie.

467 — Deux Vases style **Louis XV,** agate du Mexique et bronze doré.

468 — Un Cartel **Louis XVI,** bronze doré à guirlandes de roses.

469 — Un Cartel style **Louis XV**, bronze doré.

470 — Un Cartel style **Louis XVI,** Pomme de pin, bronze doré.

471 — Un Meuble style **Régence,** le haut formant cartonnier, le bas à lames mobiles.

472 — Une Lampe style **Empire,** à colonne en acajou ciré, garniture bronze doré.

473 — Un petit Lustre style **Louis XV,** à 4 lumières.

474 — Deux Chenets, style **Louis XIII,** à boule et enfants.

475 — Un petit Thermomètre style **Louis XV,** bronze doré.

476 — Un Baromètre-Thermomètre style **Louis XV,** à peinture sur chevalet, bronze doré.

477 — Un Baromètre-Thermomètre, style **Louis XV**, à peinture sur chevalet, bronze doré.

478 — Un grand Cartel, style **Louis XV,** à fleurs.

479 — Un grand Cartel style **Louis XV**, Enfant au char.

480 — Buste en bronze. **Enfant rieur**.

481 — Deux Appliques style **Louis XVI,** à 2 lumières, Enfant Pipeaux, sur fond velours.

482 — Petit Porte-bouquet style **Louis XV,** cornet cristal, socle spath fluor.

483 — Une Console style **Louis XV**, bois sculpté à palmes, dessus marbre vert antique.

484 — Un Buste en bronze, **Diane,** de Houdon.

485 — Un Flambeau bouillotte, style **Louis XV**, 3 lumières, fût griotte, avec abat-jour.

486 — Une Miniature dans un cadre carré, **Fleur de lys**, fronton à rubans.

487 — Un Flambeau bouillotte style **Louis XV,** avec abat-jour vert, bronze doré.

488 — Un Porte-bouquet style **Louis XV,** bambou, faïence rouge haricot.

489 — Un Encrier style **Louis XV,** un godet, bronze doré.

490 — Deux Chenets style **Louis XVI**, lyre et lauriers.

491 — Deux Appliques style **Louis XIV**, plaques à figures.

492 — Une grande Glace style **Régence** sur fond laqué.

493 — Deux Vases style **Louis XVI**, dauphins et draperies à fleurettes.

Marbre fleur de pêcher.

494 — Deux Vases, style **Louis XV,** en marbre serpentin clair fleuri.

495 — Une petite Pendule style **Louis XV,** Paix et Guerre, enfants bronze et or.

496 — Deux Flambeaux, vases cassolette, style **Louis XV.**

497 — Deux Vases style **Louis XV,** porcelaine décorée.

498 — Un Cadre style **Louis XV**, bois sculpté et doré, fond velours.

499 — Un Cadre style **Louis XV**, bois sculpté et doré fond velours.

500 — Un Cadre style **Louis XV,** bois sculpté et doré, fond velours.

501 — Un Flambeau électrique, carquois à trépied, **tête de Femme.**

502 — Une Pendule style **Louis XIII**, ébène et bronze doré.

503 — Petit Chiffonnier style **Louis XVI,** acajou et satiné, garniture bronze doré, dessus marbre brocatelle d'Espagne.

504 — Deux Bouts de table style **Louis XVI**, à 2 lumières, bronze doré.

505 — Deux Bouts de table style **Louis XVI,** 2 lumières, bronze doré.

506 — Deux petites Appliques de style **Régence**, à figures, deux lumières,

507 — Encrier de style **Louis XV**, à plateau, uni deux godets, garniture bronze doré.

508 — Un Flambeau **Enfant Zéphyr**, à l'électricité.

509 — Un Flambeau **Enfant Zéphyr**, à l'électricité.

510 — Un Buste en bronze, **La Dubarry.**

511 — Deux **Appliques**, faisceaux de baguettes et cristaux 5 lumières, bronze doré.

512 — Porte-bouquet cristal, **bambou**, pied style **Louis XV**, bronze doré.

513 — Un Porte-bouquet cristal, pied style **Louis XV**, 3 **bambous**, bronze doré.

514 — Un Cadre **ovale** à rubans, moulures à canaux et culot.

515 — Deux Appliques de style **Louis XV**, à 3 lumières.

516 — Deux Appliques de style **Louis XV**, à 2 lumières.

517 — Une petite Table de style **Louis XV,** genre ancien, en satiné et palissandre, bronze doré.

518 — Une petite Table de style **Louis XV**, genre ancien, en satiné et palissandre, bronze doré.

519 — Encrier style **Louis XV**, fond uni, 2 godets, garniture bronze doré.

520 — Commode style **Louis XV**, marqueterie quadrillée sur les côtés, bouquet de fleurs sur la face, dessus marbre.

521 — Table-vitrine style **Louis XVI**, forme ovale, acajou verni, garnie de glaces, bronzes dorés.

522 — Grande Lanterne style **Louis XVI**, à balustres, à 4 lumières au gaz.

523 — Deux Appliques style **Louis XVI**, à cristaux, tête de lion, 7 lumières, bronze doré.

524 — Porte-Bouquet, un bambou cristal, pied **Louis XV**, bronze doré.

525 — Deux Flambeaux électriques style **Louis XVI**, Gros enfants, sur pied griotte.

526 — Une Gaine style **Régence**, bois de violette et satiné, marqueterie à bouquet, dessus marbre, brèche d'Alep.

527 — Petit Bureau style **Louis XV**, ceinture à losanges, bois de violette et satiné, bronzes dorés.

528 — Un Vase cristal taillé, feuillage, style **Louis XV**, bronze doré.

529 — Deux Appliques style **Louis XVI**, tête de femme, 3 lumières.

530 — Deux Appliques style **Louis XVI**, tête de femme, 3 lumières.

531 — Deux Appliques style **Louis XVI**, vases à anses, grosses têtes de béliers, 3 lumières.

532 — Deux Appliques style **Louis XVI**, vases à anses, grosses têtes de béliers, 3 lumières.

533 — Un Porte-bouquet, 3 bambous, porcelaine, pied style **Louis XV**, bronze doré.

534 — Deux Appliques style **Louis XVI**, 3 lumières, feuilles de laurier et rubans.

535 — Une paire de Flambeaux style **Louis XVI**, à canaux, tout bronze doré.

536 — Une Pendule style **Louis XV**, Enfant à la lyre, bronze doré.

537 — Une Statuette en marbre blanc, Enfant sur coussin, Madame Royale, sur socle style **Louis XV**, en bronze doré.

538 — Une Pendule style **Louis XVI**, bronze doré, à guirlandes.

539 — Une paire de Candélabres style **Louis XVI**, à guirlandes, 8 lumières, bronze doré.

540 — Une Horloge-régulateur style **Louis XIV**, en bois de violette et satiné, couronnement Enfant guerrier, garniture bronze doré.

541 — Un petit Cartel style **Louis XV,** motif à coquille, bronze doré, sur chevalet peluche.

542 — Un Vase **en cristal,** décor en relief, épis et fleurettes, garniture bronze doré.

543 — Un Vase en **cristal,** décor en relief, épis et fleurettes, garniture bronze doré.

544 — Une paire de petites Appliques style **Louis XVI,** 3 lumières, laquettes à rubans, feuilles de lauriers.

545 — Une paire de petits Flambeaux style **Louis XVI,** trépied à tête de bélier, socle triangulaire, marbre blanc et bronze doré.

546 — Un Cadre **rond,** à emboîtement, pour miniature.

547 — Un Cadre **ovale,** à emboîtement, pour miniature.

548 — Un Cadre **ovale,** à emboîtement, avec miniature.

549 — Une paire de Chenets, style **Louis XV,** Enfants buveurs et fumeurs.

550 — Une paire de petits Flambeaux, style **Louis XV**, pieds à jours, tout bronze doré.

551 — Une Boîte à plumes avec plaque en **onyx vert**, garniture bronze doré.

552 — Une petite Table rognon, style **Louis XVI**, acajou et bronze doré.

553 — Une petite Table rognon, style **Louis XVI**, acajou et bronze doré.

554 — Un Cadre style **Louis XVI** pour photographie, avec motif, deux Enfants dans le haut, bronze doré.

555 — Un Encrier style **Louis XV**, à un Godet, bois de violette, branches à porte-plumes, garniture bronze doré.

556 — Un petit sujet genre Saxe « **Débardeur.** »

557 — Une petite Table style **Louis XV**, bois de violette et satiné, dessus marbre sarancolin, garniture bronze doré.

558 — Une paire d'Appliques style **Louis XIV**, « Mars et Minerve », 2 lumières, bronze et or.

559 — Un Flambeau écran, style **Louis XV**, deux lumières, bronze doré.

560 — Une petite Table-Bureau, style **Louis XV**, en bois de violette, garniture bronze doré.

561 — Une petite Table, style **Louis XV**, genre ancien, en satiné et palissandre, garniture bronze doré.

562 — Une petite Table, style **Louis XV**, genre ancien en satiné et palissandre, garniture bronze doré.

563 — Un Buste « l'**Innocence** », bronze sur piédouche marbre,

564 — Un buste **Enfant pleureur** sur socle marbre.

565 — Une paire de Vases candélabres, style **Louis XVI**, en marbre blanc, à bouquets de six lumières, fleurs bronze doré.

566 — Une petite Table style **Louis XV**, bois de violette et satiné, dessus marbre en agate orientale, garniture bronze doré.

567 — Un petit Bureau-Pupitre, style **Louis XV**, à abattant panneau gouache, bois de violette frisé verni, garniture bronze doré.

568 — Une Table à thé, style **Louis XV**, acajou ciré, bronze doré.

569 — Une Statuette, **Marchand de vinaigre**, genre Saxe.

570 — Une Statuette, **Enfant à l'écharpe,** genre Saxe.

571 — Une paire de Cassolettes style **XVI**, tête de femme à guirlandes de fleurs, marbre blanc et bronze doré.

572 — Une paire de petits Flambeaux bas, style **Louis XV**, bronze argenté.

573 — Une paire d'Appliques style **Régence**, à sujet, perroquet, trois lumières, sur planchette peluche.

574 — Une paire de Chenets, style **Louis XV**, à sujets enfants.

575 — Groupe, **Orphée**, genre Saxe.

576 — Groupe, **Marchand d'oiseaux**, genre Saxe.

577 — Groupe, **Mère l'Oie**, genre Saxe.

578 — Groupe, **Guerrier Salvator**, genre Saxe.

579 — Une paire de Chenets style **Louis XV,** enfant aux raisins.

580 — Un Encrier style **Louis XV**, 2 godets, sujet bronzé au milieu sur socle marbre, garniture bronze doré.

581 — Un Flacon carré, cristal taillé, genre **ancien**.

582 — Une Lanterne ronde style **Louis XVI**, au gaz, 3 lumières, galerie à balustre.

583 — Une paire de petites Appliques, tête de lion, 2 lumières.

584 — Un Bureau style **Louis XV**, marqueterie à filets dans la ceinture et aux pieds, garniture bronze doré.

585 — Un Bureau, dos d'âne, style **Louis XV**, marqueterie, garniture bronze doré.

586 — Une paire de Candélabres style **Louis XVI**, à sujets magots, porcelaine de Chine, 2 lumières, bronze doré.

587 — Une Chaise légère style **Louis XVI**, palissandre garni.

588 à 600 — **Meubles** et **Bronzes neufs** ayant pu être omis au Catalogue.

Deuxième Partie

TABLEAUX ANCIENS ET MODERNES

GOUACHES, AQUARELLES, DESSINS

ÉCOLE FRANÇAISE (XVIIIe siècle).

601 — Portrait de jeune Femme.

En robe décolletée, richement brodée.

Cadre en bois doré et sculpté, époque Louis XVI.

LEPRINCE (Attribué á)

602 — L'Amour et l'Argent.

Panneau.

BOUCHER (D'après)

603 — Les Amants surpris.

Scène champêtre.

Grisaille.

Toile.

CASANOVA (École de)

604 — Bergers et Bergères.

Gardant leur troupeau, dans un paysage, avec chute d'eau et ruines.

Panneau.

LEMOYNE (École de)

605 — Sujets mythologiques.

Deux pendants.

Toile.

ÉCOLE FRANÇAISE (XVIIIe siècle)

606 — Le galant Jardinier et un Sujet mythologique.

Deux pendants.

Toile.

ÉCOLE FRANÇAISE (XVIIIe siècle)

607 — Amours sur des nuages.

Camaïeu bleu,

Toile.

ÉCOLE FRANÇAISE (XVIIIe siècle)

608 — Scène de quatre Personnages dansant dans un parc.

Panneau.

ÉCOLE FRANÇAISE (XVIIIe siècle)

609 — L'Hiver.

Trois amours dans un paysage, se chauffant à un feu de bois.

Camaïeu.

Toiles.

ÉCOLE FRANÇAISE (XVIIIe siècle)

610 — Sujet pastoral dans un paysage.

Toile.

ÉCOLE FRANÇAISE (XVIIIe siècle)

611 — Jeux d'Amours dans les blés.

Toile.

ÉCOLE FRANÇAISE (XVIIIe siècle)

612 — Sujet mythologique.

Panneau au vernis Martin.

ÉCOLE FRANÇAISE (XVIIIe siècle)

613 — Junon et Pomone.

Au vernis Martin sur fond or.

Deux panneaux.

ÉCOLE FRANÇAISE (XVIIIe siècle)

614 — Jeux d'Amours guerriers.

Panneau de chaise à porteur.

Cadre époque Louis XVI.

ÉCOLE FRANÇAISE (XVIIIe siècle)

615 — Jeux d'Amours sur des terrasses.

Au vernis Martin.

Deux pendants.

ÉCOLE FRANÇAISE (XVIIIe siècle)

616 — Sujet mythologique.

Toile.

ÉCOLE FRANÇAISE (XVIIIe siècle)

617 — Sujet mythologique.

Toile.

ÉCOLE FRANÇAISE

618 — Amour enguirlandé de Fleurs.

Accoudé sur une tête de faune, dans un paysage.

Toile.

ÉCOLE FRANÇAISE

619 — Jeune Garçon couronnant une Fillette de fleurs.

Dessus de porte.

Toile.

Baguette à rubans époque Louis XVI.

ÉCOLE FRANÇAISE

620 — Le Sacrifice d'Abraham.

Toile.

ÉCOLE FRANÇAISE

621 — Quatre Enfants versant à boire au-dessus d'un brasero.

Toile.

ÉCOLE FRANÇAISE

622 — Esther et Assuérus et un Sujet religieux.

Deux grisailles.

Toiles.

ÉCOLE FRANÇAISE

623 — Minerve.

Sur fond doré.

Panneau.

ÉCOLE FRANÇAISE

624 — Bergers dans des paysages.

Sur panneaux au vernis Martin, fond rouge.

Deux pendants.

ÉCOLE FRANÇAISE

625 — Sujet mythologique.

Panneau de voiture au vernis Martin.

ÉCOLE FRANÇAISE

626 — Amours.

Fragments de fresques.

Deux petits panneaux.

ÉCOLE FRANÇAISE

627 — Portrait d'Homme.

Cadre époque Louis XIII en bois sculpté et doré.

ÉCOLE FRANÇAISE

628 — Panneau de boiserie, à cariatide d'Homme engainé au milieu de rinceaux. Fond doré.

ÉCOLE FRANÇAISE

629 — Paysage avec Rivière.

Gouache.

ÉCOLE FRANÇAISE

630 — Bergers et Troupeau.

Passant un gué, paysage avec palais en ruines.

Gouache.

ÉCOLE FRANÇAISE

631 — Vue de Rome.

Animée de personnages.

Gouache.

Cadre époque Louis XIV en bois sculpté et doré.

ÉCOLE FRANÇAISE

632 — Sainte Cécile.

Gouache.

Cadre époque Louis XIV en bois sculpté et doré.

ÉCOLE FRANÇAISE

633 — Portrait de Femme.

Elle est coiffée d'une charlotte à nœuds de ruban et porte un fichu.

Dessin au crayon et lavis, époque Directoire.

Cadre même époque.

DENON (D'après M.)

634 — Mme Vigée-Lebrun.

Eau-forte par M. Jean SUNTACH.

ÉCOLE HOLLANDAISE

635 — Pêcheurs ramenant leurs filets à marée basse.

Sépia.

ÉCOLE HOLLANDAISE

636 — Nature morte.

Deux petits oiseaux suspendus.

Panneau.

Cadre époque Louis XVI.

637 — Baigneuses.

Gravure en couleur.

638 — Minerve et Guerrier.

Gravure anglaise en noir.

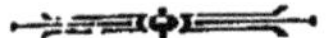

MEUBLES ANCIENS, SIÈGES, CADRES

639 — Bibliothèque en marqueterie de bois, époque **Louis XIV,** ornée de bronzes modernes.

640 — Commode en marqueterie de bois, ouvrant à cinq tiroirs, ornée de bronzes anciens redorés. Époque **Louis XIV.**

Dessus d'écaille.

641 — Meuble d'entre-deux en marqueterie de BOULE, époque **Louis XIV,** ouvrant à deux portes et deux tiroirs.

Dessus de marbre moderne.

642 — Table poudreuse en marqueterie de bois, époque **Louis XV.**

Bronzes modernes.

643 — Petite Table poudreuse en marqueterie de bois. Époque **Louis XV.**

644 — Bureau à cylindre, époque **Louis XVI,** en acajou, orné de bronzes modernes finement ciselés et dorés.

645 — Petit Bureau bonheur-du-jour, époque **Louis XVI**, orné de bronzes modernes.

646 — Bureau en acajou, avec casier à six tiroirs, époque **Louis XVI**, orné de bronzes modernes finement ciselés et dorés.

647 — Console en acajou, époque **Louis XVI**, à pieds carrés. Bronzes modernes.

Dessus de marbre.

648 — Une Petite Commode à bijoux, marqueterie, époque de **Louis XV**.

649 — Un Bureau cylindre en acajou, avec vitrine, époque **Louis XVI**.

650 — Chaise à porteur en bois sculpté et doré, ornée de peintures à fond vert sur les panneaux. Époque **Régence**.

651 — Console en acajou, époque **Louis XVI**, à coins arrondis avec tablette d'entrejambe en marbre.

Bronzes en partie anciens.

Dessus de marbre.

652 — Table tric-trac en acajou, époque **Louis XVI**, ornée de bronzes modernes.

653 — Petite Commode demi-lune, en acajou, époque **Louis XVI**, ouvrant à une porte au centre et un tiroir dans la ceinture, ornée de bronzes modernes.

Dessus de marbre fleur de pêcher.

654 — Commode en acajou, époque **Louis XVI**, ouvrant à trois tiroirs, ornée de bronzes modernes.

Dessus de marbre.

655 — Table à ouvrage en acajou, ouvrant à trois tiroirs, avec tablette d'entrejambe, époque **Louis XVI**.

Dessus de marbre.

656 — Table à ouvrage à trois tiroirs, avec tablette d'entrejambe en acajou, ornée de bronzes modernes.

Dessus de marbre brocatelle.

657 — Table-Bureau en acajou, époque **Empire**, ornée de bronzes modernes.

658 — Guéridon en acajou, à trois pieds et tablette d'entrejambes, époque **Empire**.

Dessus de marbre vert de mer.

659 — Une petite Étagère, époque **Louis XV**.

Dessus de marbre.

660 — Guéridon en acajou orné de bronzes dorés. Époque **Empire**.

661 — Console époque **Empire,** en acajou à fond de glace, pieds à colonnettes, ornée de bronzes modernes.

662 — Petite Table poudreuse en acajou, époque **Empire** ; ornée de bronzes modernes.

663 — Table à jeu en acajou, époque **Empire,** ornée de bronzes modernes.

664 — Ameublement de salon en acajou, époque **Empire,** composé de : un canapé et deux fauteuils.

665 — Fauteuil de bureau en acajou, époque **Empire,** ornements sculptés redorés.

666 — Grand Cadre ovale en bois finement sculpté à jour et doré. Époque **Louis XIV**.

667 — Une grande Commode, époque **Louis XV.**

668 — Un Bureau à cylindre, en acajou, **ancien**, garniture bronze doré moderne.

669 — Un grand Régulateur, époque **Louis XIV,** ancien, en bois de violette et satiné.

670 — Une Miniature ancienne, **Femme au bonnet.**

671 — Une Vitrine époque **Louis XV**, en marqueterie, avec dessus marbre rouge de Flandre.

672 — Une Console, époque **Louis XVI,** en acajou ciré, garniture bronze doré moderne.

673 — Une grande Bibliothèque, époque **Louis XVI**, en satiné, bois de rose et amarante et garniture bronze doré moderne.

674 — Une Commode, époque **Louis XV,** en bois de rose et bois de violette, dessus marbre rouge antique, garniture bronze doré moderne.

675 — Une grande Console, époque **Louis XVI**, acajou ciré, dessus marbre.

676 — Une Commode, époque **Louis XV,** en bois de rose et palissandre.

Garniture de bronzes dorés.

677 — Une Commode, époque **Louis XV,** en palissandre et bronzes ᾽orés.

678 — Un Bureau-cylindre **ancien,** à vitrine, acajou et bronzes dorés.

679 — Une Commode, époque **Louis XV**, en bois de violette et satiné, garnie de bronzes dorés.

Dessus en marbre rouge antique.

680 — Une Chaise, époque **Empire**.

Par Jacob.

681 — Un Bureau-cylindre, époque **Louis XVI**, en acajou et bronzes dorés.

682 — Une grande Bibliothèque, époque **Louis XVI**, en satiné, bois de rose et amarante.

683 — Une Console, époque **Louis XVI**, en acajou ciré et bronzes dorés.

684 — Un Bureau plat, époque **Louis XIV**, en bois de violette et satiné.

Garniture de bronzes dorés.

BRONZES, TERRES CUITES, OBJETS DE CURIOSITÉ

685 — Une paire de Flambeaux époque **Louis XV**, cannelures torses, vieille argenture

686 — Une paire de Flambeaux époque **Louis XVI**, à perles, cannelures et godrons.

687 — Une paire de Flambeaux époque **Directoire**, à griffes de lion, perlés et molletés.

688 — Une paire de Flambeaux époque **Louis XVI**, chapiteaux corinthiens, pieds et bobèches molletés.

689 — Une paire de Flambeaux époque **Louis XVI**, pieds à guirlandes de chêne.

690 — Une paire de Flambeaux époque **Louis XVI**, fûts et pieds cannelés à feuilles.

691 — Une paire de Flambeaux époque **Directoire**, à étoiles.

692 — Un Flambeau époque **Louis XVI**, à cannelures.

693 — Un petit Flambeau bas époque **Louis XV,** avec vieille argenture.

694 — Une Crémaillère à cric, bronze ancien.

695 — Un petit Vase **Japonais,** bronze niellé argent, sur trois pieds.

696 — Une ferrure de coffre en fer époque **Renaissance.**

Provient des ruines du Château de Pierrefonds.

697 — Presse-papier marbre, motif couronne à ruban, bronze doré époque **Louis XVI.**

698 — Presse-papier marbre, à lampe juive, bronze doré, époque **Empire.**

699 — Un Presse-papier, marbre à poignée bronze doré, époque **Empire.**

700 — Un petit **Lion,** bronze, vieille dorure, sur socle marbre.

701 — Une **Biche,** bronze japonais, sur socle en porphyre d'Orient.

702 — Un Taureau **antique,** vieille dorure, sur marbre rosé.

703 — Un petit **Cheval** sur socle marbre.

704 — Un Taureau **antique** sur marbre jaune de Sienne.

705 — Un Vase **antique** en fer.

706 — Une petite Lampe **juive,** terre cuite.

707 — Une Applique, bronze**, mascaron**.

708 — Poignée de canne, époque **Louis XIII**, Tête de cheval, dorure ancienne.

709 — Un **Bouddha japonais,** bronze ancien.

710 — **Deux Anges**, bronze doré.

711 — **Trois Anges**, bronze doré.

712 — Un petit Buste, bas-relief ivoire ancien, **tête d'Homme** sur maroquin, cadre bois.

713 — Un Médaillon rond en terre cuite, **portrait de Femme.**

714 — Un Médaillon rond, terre cuite, **tête d'Homme.**

715 — Un Médaillon rond, terre cuite, 2 figures **portraits d'Homme et de Femme**.

716 — Un Médaillon ovale, terre cuite, **Femme romaine**, cadre bronze doré.

717 et suivants. — Meubles, Bronzes ou Objets anciens ayant pu être omis au Catalogue.

www.ingramcontent.com/pod-product-compliance
Ingram Content Group UK Ltd.
Pitfield, Milton Keynes, MK11 3LW, UK
UKHW020350180726
13839UKWH00003B/1020